OBSERVATIONS
SUR
UN PROJET D'ORDONNANCE
RELATIF

AU PÉCULE ET AU RACHAT DES NOIRS

DANS LES COLONIES FRANÇAISES;

PAR

M. JOLLIVET,

MEMBRE DE LA CHAMBRE DES DÉPUTÉS, DÉLÉGUÉ DE LA MARTINIQUE.

PARIS,

IMPRIMERIE DE BRUNEAU, RUE CROIX-DES-PETITS-CHAMPS, 33.

Avril 1844.

OBSERVATIONS

SUR

UN PROJET D'ORDONNANCE

RELATIF

AU PÉCULE ET AU RACHAT DES NOIRS

DANS LES COLONIES FRANÇAISES;

PAR

M. JOLLIVET,

MEMBRE DE LA CHAMBRE DES DÉPUTÉS, DÉLÉGUÉ DE LA MARTINIQUE.

Un projet d'ordonnance du 23 février 1836 portait :

Art. 1er. « L'esclave est apte à posséder toute propriété mobilière. »

Art. 2. « Les fruits du terrain qu'il cultive pour son compte, avec le consentement du maître, lui appartiennent. »

Art. 3. « Les deux articles précédens sont applicables aux meubles et aux fruits dont l'esclave se trouvera en possession de fait, à l'époque de la mise en vigueur des présentes dispositions. »

Un autre projet du même jour portait :

Art. 1er. « Tout individu en état d'esclavage aura le droit de racheter sa liberté à prix d'argent. »

On assure qu'il s'élabore, en ce moment, dans les bureaux du ministère de la marine et des colonies, un nouveau projet d'ordonnance, destiné, comme les projets de 1836, à établir *le pécule légal* et *le rachat forcé*.

Je me propose de démontrer : 1° qu'ils ne peuvent pas être établis par *ordonnance* ; 2° qu'ils portent atteinte aux droits du maître et sont contraires aux véritables intérêts de l'esclave.

Première Proposition.

Le pécule légal et le rachat forcé ne peuvent pas être établis par ordonnance.

La loi du 24 avril 1833 sur le régime législatif des colonies, art. 3, veut qu'il soit statué, *par ordonnances royales*, sur les améliorations à introduire dans la condition des personnes non libres, qui seraient compatibles avec *les droits acquis*.

Dans la discussion de cette loi, M. le ministre de la marine a dit :

« En se réservant les améliorations à introduire dans la condition des personnes non libres et le régime des habitations, le Gouvernement avait à craindre que les colonies interprétassent mal cette réserve, ne vissent quelque chose de menaçant pour elles, et ne craignissent quelque atteinte à ces propriétés; c'est pourquoi on a ajouté ce membre de phrase : *compatibles avec les droits acquis*, afin que les colonies fussent rassurées dans leurs craintes. »

Ainsi le Gouvernement ne pouvait pas établir le pécule légal et le rachat forcé, par ordonnance, quand même le pécule légal et le rachat forcé seraient (ce que je nie) une amélioration dans la condition des personnes non libres..., si cette prétendue amélioration est incompatible avec les droits acquis.

Quel est le droit, dans les colonies, relativement au pécule et au rachat?

L'édit de 1685, article 28, dispose que l'esclave ne peut rien avoir à soi. C'est la consécration du principe du droit romain, que tout ce que les esclaves acquéraient appartenait aux maîtres, même à leur insu et malgré eux (*ignorantibus et invitis*).

L'esclave possède son pécule, par la tolérance du maître, et aux conditions que le maître lui impose. L'ordonnance qui changerait la nature du pécule, qui convertirait une possession précaire en propriété, serait incompatible avec les droits du maître; justifierait les craintes que les colons exprimaient lors de la discussion de la loi du 24 avril 1833, violerait la promesse, écrite dans cette loi, de respecter LEURS DROITS ACQUIS.

Quant *au rachat forcé*, c'est-à-dire au droit donné à l'esclave de se racheter contre la volonté de son maître, ce n'est pas là assurément une simple amélioration.

L'esclave qui devient libre n'améliore pas son état, il en change; il était assimilé, par la législation, à une chose, il devient une personne; il arrive à la jouissance de tous les droits civils et politiques. Tous les liens de subordination qui l'attachaient à son maître sont rompus; tous les droits que le maître avait sur l'esclave sont anéantis sans son consentement; on ne peut donc sérieusement soutenir qu'un changement d'état aussi complet laisse intacts les *droits acquis*; et il faut reconnaître que le rachat forcé, non plus que le pécule légal, n'est du domaine de l'ordonnance.

Les conseils coloniaux de nos quatre colonies, à l'examen desquels on avait soumis les projets d'ordonnance, en 1836, ont protesté avec raison et ont démontré que ces ordonnances seraient entachées d'illégalité.

Le conseil colonial de la *Martinique*, après avoir entendu M. A. de Perrinelle, son rapporteur, et plusieurs de ses membres, notamment MM. Debernard Feissal, d'Henriville Duchaxel, Eyma et Desabaye, a adopté *à l'unanimité* la résolution suivante :

« Les projets sur le pécule et le rachat forcé ayant pour but, non d'améliorer la condition de l'esclave en tant qu'il est esclave, mais de changer son état social en l'appelant à la liberté, même contre le gré du maître; ces projets portant atteinte à la propriété, n'étant pas compatibles avec les droits acquis;

» Le conseil est d'avis que ces matières sont hors du domaine de l'ordonnance royale, et rentrent essentiellement dans les attributions du conseil colonial. »

Les conseils coloniaux de la *Guadeloupe*, de la *Guyane française* et de *Bourbon* se sont prononcés avec la même unanimité contre l'illégalité des ordonnances qui décréteraient le pécule légal et le rachat forcé.

Le Gouvernement de la métropole a reconnu implicitement que les conseils coloniaux avaient raison.

En effet, dans une publication du ministère de la marine de 1843, à la page 41, nous lisons un *projet de loi* contenant un titre II *du rachat forcé* et *du pécule*.

M. H. Passy a proposé un *projet de loi*, le 10 février 1838, qui établissait le pécule légal et le rachat forcé, par deux articles, l'art. 3 et l'art. 4.

La commission des affaires coloniales a également proposé, à la date du 9 mai 1842, un *projet de loi* dont le titre II traite des personnes non libres, de leur rachat et de la constitution de leur pécule (1).

Comment, après avoir abandonné l'ordonnance pour revenir à la loi, le Gouvernement abandonnerait-il la loi pour revenir à l'ordonnance?

Comment trancherait-il seul des difficultés qui, de son aveu, ne pouvaient être tranchées qu'avec le concours des Chambres?

Comment oserait-il opter entre deux systèmes d'émancipation, quand il a déclaré que les Chambres seraient appelées à opter entre ces deux systèmes?

On sait, en effet, qu'une commission a été instituée par ordonnance du 26 mai 1840; qu'elle siége au ministère de la marine depuis cette époque, et que le Gouvernement l'a chargée de préparer un projet de loi sur l'émancipation des noirs dans les colonies françaises.

Au lieu d'un projet, la commission en a préparé deux.

(1) Voir les procès-verbaux de la commission, page 325.

L'un est intitulé :

Émancipation générale et simultanée;

L'autre :

Émancipation partielle et progressive, qui se compose du pécule légal, du rachat forcé et de l'émancipation des enfans à naître.

La majorité de la commission, dite des Affaires Coloniales, s'est prononcée pour le premier projet.

La Chambre des députés s'est prononcée deux fois dans le même sens, par l'organe de deux commissions chargées d'examiner les propositions de MM. Passy et de Tracy.

Dans le rapport de M. de Tocqueville, du 23 juillet 1839, on lit :

« M. de Tracy propose de donner à l'esclave le
» droit absolu d'acheter sa liberté.

» Ce système amène naturellement les effets suivans :

» Les plus forts, les plus jeunes, les plus laborieux, les plus industrieux des esclaves, arriveront à la liberté; les femmes, les enfans, les vieillards, les hommes déréglés ou paresseux resteront seuls dans les mains du maître. Ce résultat présente de grands périls. Il est à craindre que, réduit à des agens faibles ou impuissans, l'atelier ne soit bientôt désorganisé; le travail forcé deviendra improductif, sans qu'on ait réhabilité et organisé le travail libre.

» Votre commission, après un mûr examen, a été d'avis que l'émancipation simultanée présentait moins d'inconvéniens et offrait moins de périls que l'émancipation graduelle. »

En s'appropriant la proposition de MM. Passy et de Tracy, en décrétant le pécule légal et le rachat forcé, le Gouvernement se rangerait au système d'émancipation partielle et progressive condamné par la majorité de la commission des Affaires Coloniales, et, ce qui à mes yeux est infiniment plus grave, par deux commissions de la Chambre des députés.

Cette considération mérite que le Gouvernement s'y arrête; et quand il n'éprouverait aucun doute sur sa compétence, encore serait-il de sa dignité, de sa prudence, je dirai même de son devoir, de ne pas résoudre, sans les Chambres, une question qui doit avoir tant d'influence sur les destinées des populations coloniales.

Deuxième Proposition.

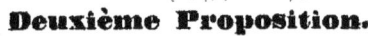
Le pécule légal et le rachat forcé portent atteinte aux droits du maître et sont contraires aux véritables intérêts de l'esclave.

Il y a long-temps que je me suis prononcé contre le pécule légal et le rachat forcé.

Voici en quels termes je combattais la proposition de M. Passy, en 1838 :

« Le pécule des esclaves existe de fait, disent les partisans du pécule légal; pourquoi ne pas convertir le fait en droit?

Parce que le pécule de tolérance ne présente que des avantages; parce que le pécule légal aurait, pour l'esclave comme pour le maître, les plus fâcheuses conséquences.

Le pécule de tolérance est presque toujours le fruit de l'industrie et de la bonne conduite de l'esclave. Il ne cherche point à l'acquérir par des voies illicites, son maître pouvant le lui retirer sur un simple soupçon; le maître s'y intéresse, il prend plaisir à le voir s'accroître; il sent que si son esclave est dans l'aisance, si sa case est commode et bien meublée, il travaillera avec plus d'ardeur; s'il est pour l'esclave une source de jouissance, il est pour le maître un moyen de fortune, un gage de sécurité.

Il n'en serait pas ainsi du pécule légal.

L'esclave, sachant que le maître ne peut l'en priver, sans un procès toujours fâcheux, se le procurerait plus souvent par le vol que par le travail; il ne l'emploierait plus à son bien-être et à celui de sa famille; il serait avare, égoïste, n'ayant qu'une pensée, qu'un but : *son rachat*.

Le maître, à son tour, deviendrait dur, intéressé; il ôterait à son esclave tout moyen d'augmenter un pécule qu'il pourrait conserver malgré lui, quels que fussent sa conduite et ses torts; un pécule qui serait pour l'esclave un moyen d'indépendance, pour le maître un instrument de ruine.

L'ordonnance de 1685 obligeait les maîtres à fournir à leurs esclaves une certaine quantité de farine, de manioc et de viande ou poisson salé.

Beaucoup de maîtres, plus généreux que l'ordonnance, ont accordé en outre à leurs esclaves, la jouissance d'un terrain, et la journée du samedi pour le cultiver et l'entretenir.

Ceux-ci ont trouvé, dans les produits de leurs terrains, une nourriture plus variée et plus conforme à leur goût.

Les plus laborieux, les plus industrieux, ont élevé

des volailles, des bestiaux ; l'excédant de leur production sur leurs besoins, est devenu un objet d'échange et de commerce ; ils ont acheté des meubles, des vêtemens plus propres, plus élégans ; quelques-uns même ont réalisé, en numéraire, un capital assez considérable.

L'esprit de propriété les a attachés au sol, a relevé leur moral, développé en eux l'intelligence et la prévoyance nécessaires pour régir l'ordre des cultures et des récoltes ; ils ont appris à connaître les avantages du travail, par le bien-être qu'il leur a procuré. Changez la nature de leur possession, cherchez à la rendre incommutable, et les maîtres que vous voulez exproprier vont reprendre leur terrain et n'en concéderont plus à l'avenir.

Ainsi, en voulant servir les esclaves, on leur nuit ; et pour leur garantir un pécule que nul ne leur conteste, on l'empêche de naître, on le tarit dans sa source.

Le *pécule légal*, si fâcheux dans ses résultats, est injuste dans son principe.

D'après la législation existante, le pécule est possédé par l'esclave, sous le bon plaisir du maître (ordonnance de 1685, art. 28).

Transférer le pécule à l'esclave, c'est attenter au droit de propriété, et y attenter gratuitement sans utilité pour l'esclave.

Le pécule de tolérance a pour sauve-garde l'honneur du maître; s'il y manquait, il trouverait son châtiment dans le mépris public et dans les conséquences funestes qui résulteraient, pour sa fortune, du mécontentement et du découragement de ses esclaves.

Le projet d'ordonnance qui constituait le pécule légal porte, art. 1er : « L'esclave des deux sexes, lors-
» qu'il est âgé de plus de 21 ans, est apte à posséder
» toute propriété de l'espèce définie mobilière par le
» Code civil, et à en disposer conformément aux rè-
» gles dudit Code. »

Ce serait là une grave innovation.

La législation existante ne considère pas les esclaves comme *des personnes*.

L'ordonnance de 1685, art. 44, les déclarait *meubles*.

Si on les élève à la condition de personnes, en leur conférant les droits civils; en un mot, si on abolit l'esclavage, il faut tout d'abord que les maîtres soient indemnisés.

Le soin de son pécule, sa défense judiciaire deviendraient pour l'esclave une occasion de déplacemens fréquens, un prétexte pour détourner une partie du temps qu'il doit à son maître.

Si le maître contestait la légitime possession de

tout ou partie du pécule, il faudrait qu'il plaidât, il faudrait le plus souvent qu'on entendît, comme témoins, d'autres esclaves.

De pareils procès ne briseraient-ils pas sans retour tous les liens d'affection et de dépendance qui doivent unir le maître à l'esclave, l'esclave au maître?

Nous avons dit que le droit de se racheter, que la nécessité d'un pécule, exciteraient au vol l'esclave qui n'y est déjà que trop enclin.

Il est vrai que l'article 8 du projet d'ordonnance déclare, que les esclaves « qui auraient subi une » condamnation pour vol ou pour recel d'objets vo » lés, ne seront pas admis à jouir de la faculté de » rachat ».

Mais l'esclave comptera sur l'impunité et il aura raison d'y compter, le maître aimant mieux se taire que de soutenir autant de procès qu'il a d'esclaves; et les témoins, presque toujours ses compagnons d'esclavage, étant peu disposés à l'accuser.

Décrétez le rachat forcé, les esclaves jeunes, vigoureux, se rachèteront, et il ne restera au maître que les esclaves vieux et invalides.

S'il perdait ses *commandeurs*, ses meilleurs ouvriers, que deviendrait son habitation?

Ce que deviendrait une manufacture dans notre Europe, si elle perdait ses contre-maîtres; avec cette différence, toutefois, qu'elle ne tarderait pas à s'en procurer d'autres, tandis que, dans nos colonies, il ne sera pas possible de les remplacer.

Cette impuissance pourrait même être exploitée par la prétendue philanthropie des sociétés abolitionistes, ou par la malveillance de concurrens avides qui fourniraient aux meilleurs ouvriers les moyens de se racheter, les uns pour arriver promptement et sûrement à l'abolition de l'esclavage, les autres pour ruiner une habitation rivale.

L'ordonnance du 12 juillet 1832 avait provoqué les maîtres à affranchir leurs esclaves, en simplifiant les formes, en dispensant des droits. La générosité des maîtres a répondu à l'appel par plus de 40,000 affranchissemens. En voulant accélérer le mouvement, on pourrait bien le ralentir.

Il est de la nature de l'homme de résister quand on le contraint, et cela est surtout vrai de nos colons.

Les partisans du *rachat forcé* citeront l'exemple des colonies espagnoles : mais quand y a-t-il été établi?

A une époque où la traite alimentait la population esclave, où l'esclave qui se rachetait pouvait être remplacé immédiatement.

Un ordre en conseil de 1830 avait établi le rachat forcé dans les colonies anglaises, dites colonies de la couronne; mais lord Grey, dans la séance de la Chambre des lords du 25 juin 1833, a reconnu qu'il n'y avait jamais existé de fait. »

Aujourd'hui qu'on voudrait ressusciter le pécule légal et le rachat forcé; les renouveler de MM. Passy et de Tracy; j'ai dû reproduire les raisons qui m'avaient servi à les combattre.

Je les avais puisées dans les délibérations de nos conseils coloniaux.

Le rapporteur du conseil colonial de la *Martinique* disait, dans la session de 1836 :

« Le *pécule* a reçu, par le fait, la plus grande extension possible. La possession a été constamment permise à l'esclave et favorisée par le désir du maître d'améliorer son existence et de l'attacher encore plus intimement à lui et à sa propriété par les liens d'un intérêt commun.

» L'esclave laborieux trouve de grandes ressources dans cette portion de terre que le maître lui accorde, choisie ordinairement parmi les meilleures de l'habitation; là il est souverain; il dispose de sa terre comme il l'entend, plante quand il lui convient, récolte à sa guise, et se forme ainsi un pécule indépendant du maître, dont tous les soins tendent encore à l'augmenter. Vient-il à mourir, le jardin du nègre passe à ses enfans avec toute la culture; on voit souvent, à défaut de parens sur l'habitation, des esclaves étrangers venir, au su et avec la permission du maître, recueillir la succession de leur parent.

» Telle est la position actuelle de l'esclave : point d'intermédiaire entre son maître et lui ; c'est la coutume patriarcale qui les régit l'un et l'autre. Le droit et le fait sont pour l'esclave des distinctions inconnues. Il possède parce qu'il possède, parce que son maître lui a permis de posséder, et que nulle entrave à cette possession ne s'est présentée à l'esprit ni de l'un ni de l'autre. Voulez-vous à cet état de choses si simple substituer la chicane et la procédure, dire à l'esclave : Ce n'est plus à votre maître que vous devez accorder votre confiance ; nous vous donnons un nouveau protecteur ; le procureur du roi sera l'intermédiaire entre vous et votre maître ; il viendra vous apprendre par quel droit vous possédez ; la loi deviendra nécessaire dans tous vos actes ; elle interviendra dans vos successions et les grèvera de frais, qui, quelque réduits qu'ils soient, seront encore trop pesans pour de modiques pécules ? L'esclave vous répondra qu'il n'entend rien à tous ces nouveaux modes, qu'il a jusqu'à présent possédé, qu'il a disposé de son bien, par donation ou testament, sans aucune intervention, et qu'il ne voit aucuns nouveaux avantages pour lui dans tous ces changemens.

» Le pécule a pour base la confiance de l'esclave et la protection paternelle du maître. N'essayons pas de détruire des liens aussi précieux, des liens qu'il faudrait chercher à créer s'ils n'existaient pas. Par l'introduction du droit, vous faites naître la méfiance qui n'existait pas, vous diminuez la soumission de l'esclave, vous refroidissez la bienveillance du maître, qui, généreux quand ses bienfaits sont appréciés, cesse de l'être quand l'esclave est armé d'un droit contre lui.

» On n'a jamais vu le maître se refuser au rachat de ses esclaves ; il s'est toujours montré jaloux d'encourager l'esprit d'ordre et d'émulation, en leur offrant l'appât de la liberté : mais si, à une convention volontaire, vous substituez un droit ; si vous méconnaissez la générosité du maître, ne craignez-vous pas qu'il empêche l'esclave de se fermer le pécule sans lequel il ne pourra jamais se racheter ; ne craignez-vous pas que l'esclave, à son tour, n'emploie le vol, le désordre, pour arriver au rachat ? Qu'une philanthropie généreuse, mais dont souvent la théorie vient échouer dans la pratique, ne vous égare pas ; ne détruisons pas entre le maître et les esclaves le lien si essentiel de la famille ; laissons entr'eux et lui un libre accord pour le rachat, et craignons, par un trop grand amour du bien, de détruire le bien qui existe. »

Les conseils coloniaux de la *Guadeloupe*, de la *Guyane française* et de *Bourbon*, ont repoussé le pécule légal et le rachat forcé, comme le conseil colonial de la *Martinique*, par les mêmes raisons, tirées de l'intérêt des noirs autant que de l'intérêt des maîtres.

Les *Conseils spéciaux*, c'est-à-dire les gouverneurs et les administrateurs des colonies, ne s'y sont pas montrés plus favorables.

Le conseil spécial de la *Guadeloupe*, en 1841, a dit que la faculté de rachat présentait un inconvénient très-grand, qu'on ne saurait dissimuler. Elle tend à enlever au propriétaire planteur ses travailleurs les plus capables, les plus utiles à son exploitation, chefs d'atelier et autres (car ce sont ceux-là qui ont le plus de moyens d'acquérir le pécule nécessaire), à une époque où l'organisation de la société coloniale est telle qu'il ne pourra remplacer ces ouvriers par des travailleurs salariés, ou qu'il ne le pourra qu'à des prix excessifs, et hors de proportion avec la somme qu'il aura reçue pour la valeur de l'esclave racheté (1).

M. l'amiral *Duval d'Ailly*, gouverneur de la *Martinique*, et les autres membres du conseil spécial se sont prononcés contre le pécule légal et le rachat forcé :

« Quels seraient les noirs, dit le gouverneur, qui

---

(1) Procès-verbaux, page 17.

parviendraient le plus promptement à se racheter ? Ceux qui dirigent les parties les plus importantes de chaque exploitation, les commandeurs, les raffineurs, etc. Que deviendraient alors les travaux sans ces élémens indispensables ?

» Quant aux autres esclaves, ce serait le plus souvent au moyen du vol que le rachat aurait lieu, et alors, comment qualifier une législation qui encouragerait le vol ?

» En résumé, le gouverneur pense que le rachat, sans inconvénient lorsqu'il est à la discrétion du maître, tendra toujours, devenu obligatoire, à le placer en contact avec son esclave, à altérer son autorité et par suite à annuler le travail (1). »

Le conseil spécial de la *Guyane française* a écarté le pécule légal et le rachat forcé par des considérations identiques :

« Les vieillards et les infirmes, incapables de se procurer un pécule, seraient une charge trop lourde pour le propriétaire, exposé à voir diminuer chaque jour ses moyens de production, par le rachat des esclaves les plus intelligens et les plus productifs; il ne lui resterait qu'un *caput mortuum*, qu'on ne pourrait, sans injustice, laisser à sa charge. »

(1) Procès-verbaux, pages 96 et 97.

Le gouverneur et les administrateurs de *Bourbon* ont écarté le rachat forcé et le pécule légal, par les mêmes motifs, et par des motifs spéciaux à la colonie de Bourbon :

« Dans les autres colonies, les noirs ont dans la semaine un jour qui leur est abandonné ; ils peuvent travailler pour eux, amasser quelque argent ; à Bourbon, cela est impossible.

» L'esclave ne travaille jamais pour lui ; il n'a dans la semaine aucun jour qui lui soit abandonné, si ce n'est pour quelques-uns le dimanche ; et le respect dû à la religion ne nous permet pas de consentir à ce qu'on les laisse librement travailler le dimanche. Si vous leur permettez de se constituer un pécule, c'est par le vol qu'ils y arriveront. »

On voit que le pécule légal et le rachat forcé sont condamnés par les conseils coloniaux ;

Par les gouverneurs et administrateurs des colonies ;

Par une commission de la Chambre des députés, ayant pour rapporteur M. de Tocqueville !

M. le duc de *Broglie* les prend sous son patronage.

Le pécule légal et le rachat forcé existent dans les colonies *anglaises* et dans les colonies *espagnoles*, dit M. le duc de Broglie dans son rapport (1) : pourquoi ne pas les établir dans les colonies françaises ?

(1) Voir page 204.

ous avons déjà répondu en invoquant l'autorité de lord Grey, alors premier ministre : que *l'ordre en conseil* qui avait décrété le pécule légal et le rachat forcé, n'a jamais reçu d'application dans les colonies anglaises ; et on le comprend puisque l'ordre en conseil est de 1830 ; que l'émancipation des noirs a été décrétée par le Parlement en 1833, et que les noirs anglais n'ont point eu à racheter leur liberté que la métropole a rachetée pour eux, au prix de 500,000,000 francs !

L'exemple des colonies *espagnoles* n'a pas été heureusement choisi par M. le duc de Broglie.

Écoutez en effet ce que dit à ce sujet un abolitioniste non moins fervent que M. le duc de Broglie, M. Victor Schœlcher (1) :

« Il est un point sur lequel on ne s'appesantit pas assez lorsqu'on parle du rachat forcé, c'est que l'esclave ne peut y atteindre que par la voie du pécule, et qu'il sera toujours fort aisé à l'habitant de l'empêcher d'en faire un. Le pécule est sacré et il n'est pas besoin de lui créer un titre légal ; tout le monde le respecte, et celui qui ne le respecterait pas serait déshonoré. Mais comment l'esclave le peut-il former? en cultivant son jardin ; or, ce jardin, qui le lui donne ou plutôt qui le lui prête? le maître. Le jour donc

(1) Des colonies françaises, page 340.

où le maître regardera le pécule de l'esclave comme funeste à ses propres intérêts, il lui retirera le jardin, et l'esclave restera privé des moyens qu'il avait d'adoucir sa triste et monotone destinée, etc.

» C'est comme cela que les propriétaires *espagnols* ont annihilé la loi du rachat forcé, qui est établie chez eux depuis plus d'un siècle. Ils ne donnent point de jardin ni de samedi pour qu'il n'y ait point de pécule, et les esclaves, dans l'impossibilité de tirer bénéfice de la *loi*, perdent les avantages de la *tolérance*. Les propriétaires français feront comme les *Espagnols*. »

Cette citation démontre que notre législation coloniale n'a rien à envier à la législation des colonies espagnoles, que le pécule *de fait* vaut mieux que le pécule *de droit*.

J'ajouterai qu'il y a quelque chose qui vaut mieux que *le droit de se racheter*, droit stérile dont les noirs des colonies espagnoles ont usé, dans des cas très-rares, et à de longs intervalles : ce sont les *affranchissemens gratuits* que les noirs doivent à leurs maîtres, dans les colonies françaises.

Affranchissemens presque inconnus dans les colonies anglaises et espagnoles ; affranchissemens qui depuis 14 ans seulement, depuis 1830, se sont élevés, dans nos colonies, à plus de 40,000, au cinquième de la population esclave !

Ayons donc confiance dans nos colons :

Ils ont volontairement fourni aux noirs les moyens de se constituer un pécule ;

Ils ne leur refusent jamais le rachat, quand ils le demandent.

Contentons-nous du fait.

Craignons, comme le disait fort bien le conseil colonial de la Martinique, *craignons, par un trop grand amour du bien, de détruire le bien qui existe.*

www.ingramcontent.com/pod-product-compliance
Lightning Source LLC
Chambersburg PA
CBHW070525050426
42451CB00013B/2860